T0284272

El arte del desamor

Ovidio

El arte del desamor

Un manual de sabiduría clásica
para superar las rupturas amorosas

Título original: *How to Get Over a Breakup: An Ancient Guide to Moving On*
© Michael Fontaine, 2024
Publicado por acuerdo con Princeton University Press
© de la traducción del inglés y del latín, Jacinto Pariente, 2024

© Ediciones Kōan, s.l., 2024
c/ Mar Tirrena, 5, 08918 Badalona
www.koanlibros.com • info@koanlibros.com
ISBN: 978-84-18223-99-0 • Depósito legal: B-14665-2024
Diseño de cubiertas de colección: Claudia Burbano de Lara

Maquetación: Cuqui Puig
Impresión y encuadernación: Liberdúplex
Impreso en España / *Printed in Spain*
Todos los derechos reservados.

1ª edición, septiembre de 2024

A morior! Dum quod amem cogor, et non amor.

¡Pasiones que ningún amante compartiría me matan de desesperación!

Carmina Burana (116)

Me miseram, quod amor non est medicabilis herbis.

Pobre de mí, pues para el amor no hay medicina.

OVIDIO, *Heroidas*, 5.149

ÍNDICE

INTRODUCCIÓN

Una ruptura amorosa es una catástrofe en toda regla. Es el fin del mundo. Nuestra relación termina o cambia de buenas a primeras y el futuro que soñábamos, sea cual fuere, no se hace realidad. Las rupturas amorosas nos quebrantan el ánimo y son terriblemente dolorosas. También dan lugar a problemas de índole práctica. A veces nos vemos obligados a cambiar por completo de amigos o a construirnos otro hogar. No es extraño que a menudo se compare el desamor con la pérdida de un ser querido, expresión que ya lleva implícita la analogía con la muerte.

El asunto va más allá de los sentimientos subjetivos. En 1967, dos psiquiatras se propusieron cuantificar y catalogar las experiencias vitales según la intensidad del sufrimiento que producen. El resultado fue la famosa escala del estrés de Holmes y Rahe. Encabeza la lista la muerte de un cónyuge. El cuarto puesto lo ocupan la cárcel y la muerte de un familiar cercano. Después vienen las lesiones y enfermedades físicas, el matrimonio y ser despedido.[1] Según los psicólogos, el estrés que generan estas experiencias es tan alto que el cuerpo enferma y no podemos valernos por nosotros mismos. ¿Qué ocupa el segundo y el tercer puesto? El divorcio y la ruptura de una relación amorosa.

A la vista de lo que hay en juego en este campo, ¿qué ayuda puede prestarnos nadie, y mucho menos un poeta de la Roma antigua de hace dos milenios?

Quizá suene ridículo. Al fin y al cabo, lo primero que se nos viene a la mente cuando pensamos en Grecia y Roma es el Coliseo, el Partenón o la *Ilíada*, no la palabra *psicoterapia* ni, desde luego, el diván de un psicólogo clínico.

Para mitigar en algo la sensación de incongruencia, detengámonos por un momento en el caso de Antifonte de Ramnunte (480-411 a. C.), un coetáneo de Sócrates que, aunque llegó a ser un importante político en la Atenas clásica, venía de un mundo profesional muy diferente:

Antifonte inventó un método para aliviar la angustia parecido al que usan los médicos para atender a los enfermos. Abrió una consulta cerca de la plaza de Corinto y corrió la voz de que era capaz de curar la angustia por medio de una terapia basada en el diálogo (*dia logōn therapeuein*). Tras averiguar las causas, acababa con el malestar de los pacientes por medio de la conversación. [...] Anunció una serie de «conferencias antidepresivas» en las que demostró que podía expulsar de la mente cualquier aflicción.

La consulta, el terapeuta, el paciente, la tesis, la cura: es el psicoanálisis (menos en el nombre) dos mil cuatrocientos años antes de que Sigmund

Freud abriera su consulta en Viena. Antifonte es autor de *Avanzar*, una obra sobre el modo de gestionar los contratiempos, el dinero, el tedio, las esperanzas poco realistas, el autocontrol y el matrimonio. No es extraño que también escribiera un libro sobre la interpretación de los sueños.[2]

El poema que traducimos aquí con el título de *El arte del desamor* hace pensar que hace dos mil años ya había profesionales como Antifonte y Freud que ejercían entre las columnas de la antigua Roma. Como veremos, también Ovidio se las da de psicólogo de parejas y cita casos clínicos, ofrece consejo y receta medicamentos sencillos para tratar el desamor.

Sus palabras sorprenderán y ayudarán en igual medida a quienes las lean hoy en día.

> *Quot caelum stellas, tot habet tua Roma puellas.*
> En Roma hay más jóvenes necesitadas de amor que estrellas en el cielo.

> OVIDIO, *El arte de amar* (1.59)

Publio Ovidio Nasón nació en el 43 a. C., más de cuatrocientos años después de Antifonte, y murió en el 17 d. C., dejando tras de sí la primera autobiografía de la historia.[3] Su libro más conocido es *Las metamorfosis*, una de las obras más famosas de la literatura latina que se conservan. Fue también uno de los más perspicaces e irreverentes psicólogos de Roma. *Las metamorfosis* son una extensa reformulación de las historias mitológicas en metro épico clásico. La mayoría terminan con un personaje que toma una nueva forma o se convierte en otro ser. Por lo general, la atracción o la repulsión sexual son el detonante de la transformación. En cada capítulo, el autor indaga en la psicología del amor de diversas, sutiles y originales maneras.

Nacido a unos ciento cincuenta kilómetros de Roma, Ovidio estudió en la urbe y no tardó en enamorarse de ella. Desde entonces, Roma y el amor fueron los pilares de su visión del mundo. Nos habría dicho que *Roma* es *amor* escrito al revés y nos habría preguntado si veíamos la palabra *amor* escondida en el título griego de *Las metamorfosis*.

Para Ovidio, Roma era la ciudad del romance y pululaban por sus calles los cortejadores y las bellezas romanas. En los tres libros de *El arte de amar*, célebre precuela de *El arte del desamor*, trata el tema una y otra vez. El objetivo de los dos primeros es enseñar a los romanos el modo de conseguir y conservar una novia. El tercero, por su parte, ofrece a las romanas estrategias específicas con el mismo fin. Ovidio se hace pasar por un especialista en el amor que, en tono semiserio, imparte técnicas y reglas con las que seducir al sexo opuesto (en efecto, al scxo opuesto, pues, aunque también escribió sobre relaciones *queer* y no binarias, su poesía amatoria se centra en el amor entre hombres y mujeres. Con todo, las enseñanzas tienen aplicaciones más amplias).

A mediados del año 1 d. C., Ovidio publicó la obra que traducimos aquí,[4] *Remedia amoris*, es decir, *Los remedios del amor*, poema que cierra tanto la «metodología» amorosa como el viaje emocional que comienza con la soltería, continúa con la vida en pareja y concluye con la vida de solteros de nuevo. Además, la obra está dedicada a hombres y mujeres por igual (o eso dice el autor. Como veremos, hay ciertos consejos que no parecen aplicables de igual manera a unos que a otras. Es un problema recurrente que se percibe en seguida. Volveremos sobre el tema).

El arte de amar trata sobre enamorarse y *El arte del desamor* sobre desenamorarse. Sin embargo, la aparente simetría oculta un cambio de perspectiva radical. En el primero, el amor es deseable y bueno, mientras que en el segundo es una fuerza maligna, una dolencia, una herida emocional que hay que curar, como una picadura de serpiente, o una enfermedad que precisa tratamiento. Ovidio califica al amor de lesión física o psicológica en numerosas ocasiones y lo tacha de *vitium* ('defecto'), *morbus* ('enfermedad') o *vulnus* ('herida'), y prescribe treinta y ocho remedios y estrategias prácticas para remendar el corazón roto o superar la ruptura. En ocasiones habla con la voz de quien, tras haber superado la adicción, sometiéndose a un proceso completo de terapia, consagra su vida a tratar a otros adictos.

No obstante, debido a que la obra está teñida de un tono jocoso e irónico, nunca sabemos si el autor habla en serio. Ovidio es un travieso provocador que trata de convencernos de las ideas más descabelladas solo para ver hasta dónde puede llegar. Cuando por fin protestamos, responde que estaba bromeando, de modo que, en la práctica, no hay forma de estar seguros de sus intenciones. De su amplio arsenal de trucos, estrategias y curas para el amor, algunos son esclarecedores y valiosos y otros, en cambio, aunque parecen eficaces, son inmorales, de mal gusto o directamente perversos. También cabe la posibilidad de que el autor hable en serio y esté de verdad a favor de aplicar cualquier remedio mientras funcione. En sus propias palabras:

Habrá quien diga que mis consejos son naderías, y no le faltará razón, pero, aunque uno a uno sirvan de poco, todos juntos, en cambio, os beneficiarán.

También puede ser que estemos ante otra de sus bromas.

Omnis amans amens.
Todo amante es extravagante.

Proverbio latino.

La idea de que el amor es una enfermedad nos acompaña desde hace mucho tiempo y, sin duda, hay algo de verdad en ella. La obsesión, las fantasías, el pulso acelerado, las palmas de las manos sudorosas, el rubor... Y cuando el sentimiento no es mutuo, el pecho dolorido, el insomnio, las plegarias, la ansiedad, la profunda tristeza. ¿Quién no se ha visto en ambos casos? Ya antes de Ovidio, los griegos relacionaban a la diosa Afrodita con la estupidez o *aphrosyne* y a Eros con la disputa o *eris*, y los romanos sabían de la conexión entre *cupidus* ('anhelo') y *stupidus* ('chifladura'), entre *amatus* ('amado') y *amarus* ('amargo') y entre *amor* ('amor') y *mors* ('muerte').

Lo original de nuestro autor es tanto la idea de que el amor se puede «tratar» o «curar» como el ingenio con el que la desarrolla. *Los remedios* no es una simple inversión de los consejos de *El arte de amar*. Ovidio es consciente de que el amor no funciona así. No tratar de seducir a alguien que nos atrae no produce el efecto contrario que hacerlo. No besar o tomar de la mano a la persona amada no resulta en lo contrario de hacerlo. ¿De dónde saca Ovidio esos consejos para gestionar el desamor o curar el amor? ¿De verdad creía que funcionan?

Una posible fuente es la filosofía helenística. Igual que hoy en día hay corrientes psicoterapéuticas rivales, freudianas, junguianas, cognitivas, etcétera, en la antigua Roma había diversas escuelas filosóficas. Los estoicos, los epicúreos y los peripatéticos ofrecían a sus seguidores estrategias para superar los reveses de la vida. Unos cuarenta y cinco años antes de que Ovidio escribiera *Los remedios del amor*, Cicerón ya hablaba de ellos en las *Tusculanas*:

> Existen términos específicos que se apli-
> can con frecuencia a la pobreza y ciertas
> palabras que se utilizan para describir una
> vida en la que no se han ostentado muchos
> cargos públicos o no se ha obtenido mucha
> gloria. Hay también tratados que se cen-
> tran en temas como el exilio, la destruc-
> ción de la patria, la esclavitud, la debilidad
> física, la ceguera y todo lo que definimos
> como calamidad. Los griegos los agrupa-
> ban en libros distintos [...]. Cada uno tiene
> su remedio específico y adecuado.[5]

La obra que nos ocupa parodia esa clase de libros de autoayuda al tiempo que pertenece a ella. Lo demuestra el hecho de que varios de sus remedios procedan directamente de un fragmento de las *Tusculanas* en el que Cicerón habla del deseo y el amor:

La cura (*curatio*) más eficaz para quien sufre de amor o de deseo es mostrarle la poca importancia, el escaso valor y la absoluta falta de trascendencia de las pasiones; la facilidad con la que prenden en cualquier otra cosa, y la sencillez con la que se extinguen. En ocasiones conviene dirigir la atención del enfermo a otros estudios, preocupaciones, asuntos (*curas*) o aficiones. A menudo, los enfermos crónicos se curan (*curandus*) con un cambio de residencia. No faltan quienes creen que el amor nuevo sana al antiguo a la manera en la que la uña nueva desplaza a la vieja.[6]

Los versos 143-144, 151-152 y 214 proceden de aquí. Más adelante hablaremos de la influencia de Lucrecio, contemporáneo de Cicerón.

A pesar de la influencia de Cicerón, la cosa no tarda en ponerse interesante, pues unos versos después Ovidio rechaza su punto de vista:

Ante todo, al enfermo de amor hay que mostrarle lo dañina que puede llegar a resultar la pasión desenfrenada. De todos los trastornos de la mente no hay otro más virulento. Incluso sin entrar en críticas al amor, y me refiero aquí al sexo ilícito, la seducción, el adulterio y el incesto, graves faltas merecedoras de firme condena, lo cierto es que, *incluso sin tenerlas en cuenta*, el espíritu que padece de amor se encuentra en un profundísimo estado de sufrimiento.

Ovidio discrepa. Sus estrategias no critican ni demonizan al amor. Muy al contrario, en la encantadora alegoría con la que se abre el poema vemos como el autor se niega en redondo a hacerlo.

Es esencial comprender ese matiz y no perderlo de vista. Ovidio cree en el amor y es optimista. Cuando las cosas van mal, se mantiene en lo personal y específico. Su solución no es renunciar a las relaciones, al compromiso, a las mujeres o a los hombres o al prójimo en general. Nada de hombres amargados, de mujeres que despotrican de los hombres y de célibes vengativos. Para Cicerón, la tentación es evidente, pero Ovidio la descarta sin contemplaciones y nos recomienda lamernos las heridas y empezar de cero. No duda del dolor que producen la ruptura, la separación o el amor no correspondido, pero al mismo tiempo sabe que son avatares tan comunes como naturales y que la solución es volver a la casilla de salida y empezar de nuevo.

> En psiquiatría, el sendero del progreso es circular y retorna de manera periódica al punto de partida.
>
> THOMAS SZASZ,
> *La fabricación de la locura*.

En la Antigüedad y hasta el siglo IV de la era cristiana se consideró el mal de amores una enfermedad metafórica. Los médicos lo veían como una dolencia psicológica y trataban de aliviarla con remedios parecidos a los de Ovidio. Para el médico y filósofo Galeno (129-216), los pacientes de amor debían «tomar baños con regularidad, medicarse con vino, dar frecuentes paseos a caballo y ver y oír cosas agradables».[7]

Con la caída del Imperio romano de Occidente tuvo lugar un cambio. Alrededor del año 1100, a medida que la ciencia empezaba a recuperarse, el mal de amores pasó a concebirse como una enfermedad del cerebro. En palabras de Constantino el Africano, el escritor sobre temas médicos más influyente de la época (muerto en 1087), «El amor, también llamado *eros*, es una enfermedad que afecta al cerebro».[8] Aunque los síntomas siguieron siendo los mismos y la dolencia no se erradicó, la idea se puso de moda.

En 1496, Battista Fregoso (1452-1504), antiguo dogo de Génova, añadió perspicacia política a la creencia psiquiátrica al declarar que «el amor no es como una enfermedad, sino que es una enfermedad en toda regla, y además muy dañina».[9] Los remedios del amor se fueron medicalizando y, en ciertos casos, pasaron al ámbito de la farmacopea, es decir, las pastillas y los medicamentos.

El siglo XXI es testigo de la desaparición gradual de la tendencia. Hoy los terapeutas remiendan los corazones rotos por medio de la terapia cognitivo conductual (TCC), una terapia conversacional en la que, con la ayuda del profesional, el paciente aprende a reconocer y reevaluar los patrones de pensamiento negativo con el fin de gestionar las emociones con mayor eficacia. Mucha gente confía en su utilidad en los casos de ruptura amorosa. Sin embargo, por muy moderno que suene el nombre, no es más que un *rebranding* del estoicismo de toda la vida.[10] Dado que una de las principales fuentes del tratamiento de Ovidio es la logoterapia estoica, se diría que con *Los remedios del amor* se cierra un círculo.

En la era de las redes sociales, esta obra cobra una nueva relevancia. Los lectores de Ovidio vivían sobre todo en la ciudad de Roma y no podían hacer las maletas y mudarse cada vez que sufrían un desengaño amoroso. Necesitaban encontrar la manera de pasar página aceptando que lo más probable era que se volvieran a cruzar con su ex. En nuestro mundo hiperconectado sucede algo parecido. Hace veinte años, aún era posible hacer las maletas e instalarse en otra ciudad. Hoy no. Podemos bloquear o dejar de seguir a la persona que nos ha dejado, pero el algoritmo se ocupa de que nos sigamos topando con cosas o amigos (reales o virtuales) que nos sumen en la nostalgia. Para quienes encuentran dolorosa esta nueva realidad, Ovidio sigue teniendo algo que decir.

SOBRE LA TRADUCCIÓN

El texto original es un poema en dísticos elegíacos, un metro tradicional griego muy habitual en la poesía latina en el que los versos impares son más largos y están escritos en hexámetros dactílicos, es decir, versos de seis pies con vocales largas o breves combinadas según diversas reglas. Los versos pares son pentámetros dactílicos, más cortos, aunque también tienen seis pies y comienzan igual que los impares, y con una cesura. Los versos 41-42, que imitan el habla de un pregonero de feria, ilustran la estructura métrica del dístico elegíaco:

Ád mea décepti iuvenés, praecépta veníte,
Quós suus éx omní (cesura) párte feféllit amór.

(Arriba, jóvenes desengañados a quien
    burló el amor.
Escuchad mis consejos.)

En los versos pares es común que los hemistiquios (cada una de las partes en que la cesura divide un verso) rimen. En estos casos las palabras que riman suelen ser un sustantivo y un adjetivo en concordancia.

Esta edición presenta una versión en prosa de los poemas de Ovidio, que escribía en verso, para facilitar su lectura.

UNA GUÍA RÁPIDA PARA LEER
LOS REMEDIOS DEL AMOR

Expedit esse deos, et, ut, expedit, esse putemus.
Creer en los dioses compensa, luego
creamos.

Ovidio, El arte de amar (1.637)

Ovidio era ateo (el verso que encabeza este apartado se hizo famosísimo durante la Ilustración). En su poesía, sin embargo, finge conversar con los dioses y recurre a los mitos de manera constante. Los dioses más importantes en *Los remedios* son:

- Cupido. Tiene dos nombres en latín: *Cupido*, que significa 'Deseo', y *Amor*, que significa

'Amor'. La palabra *erotismo* y sus derivados provienen de su nombre griego, *Eros*. Se le representa como un niño alado, bien un ángel, bien un adolescente que porta una antorcha y empuña un arco con el que dispara las flechas (*tela*) que encienden el amor.

- Venus ('Sexo'). Es la madre de Cupido. De su nombre procede la palabra *veneno* (del latín *venenum*, 'poción amorosa') y, por su puesto, venéreo. De su nombre griego, *Afrodita*, procede la palabra *afrodisíaco*. Está casada con Vulcano (el dios de la fragua y los volcanes) y es amante de Marte (el dios de la guerra y de todo lo *marcial*). Según la *Ilíada*, toma parte en los combates de la guerra de Troya, donde Diomedes la hiere.

- Apolo. Es el dios tanto de la poesía como de la curación, lo que le confiere doble importancia en este terapéutico poema. Sus atributos son la lira, la corona de laurel y, como Cupido, el arco y las flechas.

Como es habitual en los filósofos latinos, Ovidio razona a partir de ejemplos. Entresaca anécdotas de la mitología y de las leyendas, en especial de la guerra de Troya (1194-1184 a. C.). A la manera de los profesores, supone que el público conoce las referencias o las buscará después de clase. En este poema se interesa de manera particular por Filis (cuya historia relata en los versos 591-608) y Circe (263-290). Circe, la sensual hechicera de la *Odisea*, vivía en un promontorio al sur de Roma llamado Monte Circeo. Contra todo pronóstico, Ulises (Odiseo) saca fuerzas de flaqueza y consigue abandonarla.

Otras alusiones se explican en las notas al texto.

Por último, Ovidio es un artista genuinamente moderno, por lo que uno de sus principales recursos es sobresaltar al «paciente», como corresponde a un maestro del *shock art*. Por lo tanto, he respetado el lenguaje soez o irreverente. Por ejemplo, el autor llama a las mujeres *chicas* o *niñas* (*puellae*), y en alguna ocasión habla de *follar* (*inire*) y de cosas peores. Teniendo en cuenta la ardiente defensa de su arte a la que se lanza en unos versos del poema (ver Apéndice II), sería un error fingir que no utiliza ese lenguaje. Los intentos de censurarlo comenzaron en vida del poeta y continúan hoy en día. En contra de esta tendencia, en la presente edición he preferido indicar dónde Ovidio parece decidido a sacudir al lector y sugerir las razones.

EL ARTE DEL DESAMOR

PRELUDIO

Cuando Amor leyó el título de este manual, exclamó: «¡Es la guerra! ¡Este poeta piensa declararme la guerra nada menos que a *mí*!».

RESPUESTA DEL POETA

¡Dios me libre! No me acuses, Amor, de atacarte. ¿No sabes ya que soy tu apóstol y paladín? No soy ningún Diomedes, aquel que obligó a tu madre a retirarse al claro cielo, herida y a lomos de los caballos de Marte. Muchos jóvenes desesperan de ti, pero yo soy, y lo he sido siempre, un enamorado.

¡Pero si hasta he diseñado una metodología para amansarte! Lo que antaño fue ensayo y error es hoy un arte. Siempre os he sido fiel a ambos, a ti y a mi metodología, querubín. La inspiración de estos versos no viene de otra Musa. Quien ame y disfrute amando, que siga adelante en buena hora y surque esos mares con buen viento y barca nueva.

En cambio, que no sufran más quienes se encuentran uncidos al yugo de un amor despótico: este librito mío será su salvación.

¿Por qué hay enamorados que se echan al cuello una soga como quien se pone una bufanda y se cuelgan de una viga?

¿Por qué hay enamorados que se atraviesan el pecho con el cruel acero?

Que sepas, tú que vas de pacifista por la vida, que de esas muertes se te culpa a ti.[11]

Quien crea que va a morir de amor a no ser que rompa con la persona amada, que rompa de una vez. No se te podrá echar el muerto a ti porque, al fin y al cabo, no eres más que un niño que quiere jugar y ser feliz. Pues a jugar, que a tu edad lo conveniente son las cosas ligeras. Que tu padrastro, Marte, se ocupe de liquidar enemigos con espadas y lanzas y se alce cubierto en sangre con la victoria. Tú dedícate a las artes de tu madre, que son menos peligrosas y no les arrebatan los hijos a las mujeres.

Que los rivales de amor riñan por la noche, echen abajo las puertas y cubran de guirnaldas los portales.[12]

Que los chicos y las chicas se acuesten en secreto y con mil triquiñuelas les pongan los cuernos a los incautos maridos.

Que los amantes no correspondidos ablanden a los candados de las puertas con palabras dulces, insultos, canciones y otras muchas tácticas.

Confórmate con esas lágrimas para que nadie pueda acusarte de asesino. Que el fuego de tu antorcha nunca sirva para encender una pira.

Eso le dije a Amor.

«De acuerdo. Termina tu libro», dijo él abriendo las resplandecientes alas.

EL POEMA

Aguzad el oído, jóvenes desengañados a quienes
burló Amor. Escuchad mis consejos. Aprended a
dejar de amar por boca de aquel que os enseñó
a amar. Una misma mano os cura y os da muerte:

> El veneno germina de la misma tierra
> que las hierbas medicinales.
>> Nace la ortiga al pie de la rosa.
>> La lanza de Aquiles un día hirió a
> Télefo y otro lo curó.

Por cierto, muchachas, aunque en ocasiones
me dirijo a los hombres, lo que digo también va
por vosotras, pues yo suministro armas a los dos

bandos. Prestad atención a todas mis palabras porque, aunque habrá cosas que no os sirvan, del ejemplo también se aprende.[13]

Las llamas de la pasión hay que apagarlas de golpe y sin tardanza. Romped las cadenas y no dejéis al corazón caer en las redes de la nostalgia.[14]

De haberme tenido a mí de profesor, Filis seguiría viva y no habría recorrido aquel sendero nueve veces, sino muchas más; Dido no habría muerto al ver desde la ciudadela que las traicioneras naves troyanas habían zarpado con viento fresco, y tampoco la traición habría enfurecido a una madre hasta el punto de asesinar a sus hijos (carne de su carne) por vengarse de su esposo.

Con mis enseñanzas, Tereo no habría acabado convertido en pájaro en castigo por violar a Filomela, a la que tanto deseaba.

Que Pasífae comparezca ante mí, y en un instante olvidará su amor por el toro; o Fedra, y aquella pasión ilícita se esfumará al momento, o Paris, y Menelao y Helena seguirán juntos y los griegos no destruirán Troya.

Ay, Niso, si Escila se hubiera estudiado mi manual, aún conservarías la purpúrea cabellera.[15]

Jóvenes, tomadme por guía y capitán, echad por la borda la adicción que os aflige y que mi nave y sus tripulantes surquen la mar con rumbo cierto.

Debisteis leer a Ovidio cuando aprendíais a amar. Seguimos en las mismas, de nuevo toca leerle. Él liberará los corazones cautivos de un amor despótico, pero romper las cadenas os corresponde a vosotros.

Apolo, inventor de la canción y de la medicina, te invoco al comenzar. Que tus laureles me asistan. Soy médico y poeta: inspírame, tú que eres patrón de ambas profesiones.

• • •

Mientras sea posible, mientras las mariposas del estómago todavía te lo permitan, si de pronto se te viene abajo el ánimo, frena en seco. Arranca las semillas malvadas de la tristeza antes de que broten y caigas en la depresión. Tira de las riendas incluso antes de que el caballo empiece a trotar. Sé consciente de que la espera fortalece el enamoramiento:

La espera madura las uvas agraces.
La espera transforma la hierba en campo de mieses.

El árbol frondoso que hoy te brinda sombra fue brote y fue tallo. En aquel entonces, pudo una mano arrancarlo del suelo, pero sus propias fuerzas lo han hecho crecer y ahora ya es inmenso.

Examina bien a quien amas y escapa del yugo. No dejes que te eche una cadena al cuello.

Ataja los síntomas cuanto antes, pues cuando la enfermedad ha cobrado fuerza ya es demasiado tarde para el tratamiento. Fingir que los problemas no existen o dejarlos para más tarde solo sirve para empeorarlos, de modo que, manos a la obra. No busques excusas para procrastinar. Como decía aquel, «quien no esté listo hoy, mañana lo estará menos».

El amor, siempre y sin excepción, es un arte del engaño que se alimenta de la demora. Cada nuevo día te brinda una oportunidad de liberarte.[16]

¿Cómo que el amor es engaño? ¡Pero si Ovidio le acaba de decir a Cupido lo contrario! Estamos ante la primera muestra del uso que nuestro autor hace de la hipérbole a lo largo del poema.

La mayoría de los ríos no nacen en grandes manantiales, sino que van aumentando el caudal a medida que recogen el de los afluentes.

Mirra, si te hubieras dado cuenta de la gravedad del delito que planeabas, hoy no tendrías que ocultar el rostro tras la corteza de un árbol.[17]

Cuántas veces las heridas que tenían cura se han agravado por retrasar el tratamiento...

Nos deleitamos «cosechando los frutos de Venus», es decir, haciendo el amor, y nos decimos «mañana, más».[18] Entretanto, las llamas se nos enroscan por el cuerpo sin que lo notemos y un pérfido árbol arraiga en nuestra alma.

Cuando ya no se pueden administrar los primeros auxilios y el amor ha conquistado el corazón, el tratamiento habrá de ser más agresivo, pero, aunque sea tarde para llamarme, no dejaré de atender de inmediato al enfermo, ni lo abandonaré.

Al héroe Filoctetes, hijo de Peante, le habría convenido que le amputaran el pie gangrenado. Sin embargo, aunque tardó muchos años, la herida sanó por sí sola, o eso dicen, y fue él quien puso fin a la larga guerra de Troya.[19] Aunque siempre he dicho que hay que atajar la enfermedad antes de que se extienda, en estos casos recomiendo calma y el siguiente remedio:

Repito, mientras se pueda, apaga el incendio cuando acaba de declararse, pero si no, deja que se consuma por sí solo. No hagas nada durante la fase maníaca y espera a que se desencadene la crisis porque los arrebatos no son fáciles de tratar. ¿Verdad que es una necedad nadar a contracorriente pudiendo hacerlo a favor? Pues de igual manera, el corazón pesaroso que no está aún dispuesto a escuchar mis consejos rechazará el tratamiento y cualquier cosa que le diga será en vano.

Hay que esperar a que el paciente permita que le traten las heridas y esté abierto a escuchar la verdad. Solo un tonto intentaría impedir las lágrimas de una madre en el funeral de su hijo. No es ni el momento ni el lugar para consejos. Hay que empezar a mitigar la pena con palabras cuando ya no pueda llorar más y el proceso de sanación haya comenzado. En medicina, lo fundamental es intervenir en el momento justo. El vino, por ejemplo, administrado en el momento propicio sienta bien, pero a destiempo es perjudicial. Peor aún, a veces, atacar la enfermedad la agrava. Ciertas inflamaciones, por ejemplo, empeoran si el tratamiento se aplica demasiado pronto.

Por lo tanto, sigue mis consejos solo cuando te sientas preparado para recibir ayuda. Este es el primero:

Nunca estés sin nada que hacer.

Andar desocupado es el motivo de que te enamores y de que el enamoramiento perdure. El ocio estimula tan agradable dolencia. Buscar una ocupación es despuntarle las flechas a Cupido y apagarle la antorcha. Venus ama la indolencia como el plátano ama el vino,[20] el álamo el agua y la caña el cieno de los pantanos: si deseas romper con un amante, busca algo que hacer, pues la ac-

tividad derrota al amor. Holgazanear, dormir sin
moderación, jugar a los dados y beber debilitan el
espíritu, aun sin provocarle heridas. Así es como
el artero amor se apodera de los incautos. Al dios
niño le gustan las personas perezosas; las dinámi-
cas le repugnan.

Viste la toga y déjate ver por los tribunales
de la ciudad

Es decir, ocupa la mente con asuntos interesantes,
por ejemplo, los tribunales, el estudio de las leyes
o defender a algún amigo en un juicio.

Acude a la llamada del deber.

Esto va más por los chicos que por las chicas. En
la guerra hay pocos placeres. Ya que hablamos
del tema, te diré que las tropas de César se abren
paso por el país de los huidizos partos, a los que

pronto derrotaremos.[21] Vence tanto a las flechas de Cupido como a las de los partos y álzate con dos victorias de un solo golpe.

Venus abandonó el campo de batalla y le cedió el sitio a Marte en cuanto Diomedes le hizo un rasguño con la lanza.

¿Quieres que te cuente por qué Egisto se entregó al adulterio? Ya sabemos que era un cobarde y un holgazán que se pasaba la vida tumbado mientras todos los hombres de Grecia combatían a sangre y fuego en la larga guerra de Troya. En Argos no había ni guerras ni pendencias, de modo que se dedicó a lo único que se podía hacer, es decir, a pasar el rato (ya sabes a lo que refiero...).[22] Así es como el dios niño se nos cuela dentro.

La vida campestre cura las obsesiones

Para otros la mejor opción es el campo y el cultivo de la tierra. Domesticar a los toros, obligarlos a someter el cuello al yugo para que la reja del arado se hunda en la dura tierra. Labrar los campos; sembrar las semillas que nos regala Ceres para que la tierra nos las devuelva con creces... Las ramas dobladas por el peso de las manzanas, los árboles esforzándose por no dejar caer el fruto, el placentero canto de los arroyos... ¿No es hermoso? Las ovejas pastando por los campos verdes, las cabras retozando por los agrestes riscos y volviendo después con las ubres rebosantes de leche. Más allá, un pastor toca la flauta de junco ante la mirada de los fieles perros. Por el bosque resuenan los mugidos de una madre que llama al ternero extraviado. Los enjambres que huyen del humo cuando se cosecha la miel y la cera de las celdillas redondas del panal.

El otoño viene con manzanas, el verano se engalana de trigales, la primavera nos regala ramos de flores y el invierno pasa volando al calor de la hoguera. Cuando llega la vendimia, los mostos de la uva madura corren bajo los pies desnudos. Cuando llega la siega, las gavillas de trigo esperan la trilla. También puedes dedicarte a cultivar un huerto y dirigir el cauce de un manso arroyuelo para regarlo bien. Cuando llegue la temporada de los injertos, una rama acogerá a otra y se alzará un frondoso árbol de hojas exiliadas. En cuanto los placeres del campo comiencen a curaros el desengaño, Amor huirá aleteando y alicaído.

Muchas veces Venus se ha retirado cubierta de vergüenza tras la victoria de Diana[23]

Un día persigue a la rauda liebre con el galgo; otro coloca trampas por los árboles de las colinas; un tercero espanta al tímido ciervo con un señuelo de colores, o derriba, lanza en mano, al jabalí. Así, al caer la noche, caerás rendido y no te abrazará la nostalgia, sino el sueño profundo y reparador.

Una alternativa menos dura, pero no menos válida, es obtener pequeños trofeos cazando aves con red o con trampas, o enganchar el cebo en el anzuelo curvo para que los peces hambrientos lo engullan con los desastrosos resultados que suele deparar la gula. Engáñate a ti mismo con estos u otros trabajos que te hagan olvidar el desamor.

La distancia cura

Márchate de la ciudad. Emprende un largo viaje. Llorarás a mares y el nombre de la persona amada resonará en tu mente sin cesar. Detendrás el paso muchas veces deseando volver. No obstante, resiste, cuanto menos quieras avanzar, más debes obligarte a hacerlo. Persevera, obliga a los pies a dar otro paso por mucho que se nieguen. No pidas a los dioses que llueva, no te retrases por la fiesta del sábado, no te excuses con el aniversario de la trágica batalla del Alia.[24] No preguntes cuántas millas has recorrido, sino cuántas faltan para llegar. No busques excusas para posponer la partida, no mires el calendario, no vuelvas la vista por encima del hombro hacia Roma. ¡Huye como los partos que huyendo vencen al enemigo!

Alguno criticará con razón, lo admito, la severidad de estos consejos. A eso solo tengo que decir que lo que cura duele. Cuando he estado enfermo he tenido que ayunar o tragar jarabes amargos. Si para sanar el cuerpo hay que soportar quemaduras y cortes y, en ocasiones, incluso negarle el agua a la boca sedienta, ¿a qué no nos someteremos con tal de sanar el alma? La salud del ánimo es más importante que la del cuerpo. A pesar de todo, mi terapia es difícil, sobre todo al principio. Por lo tanto, lo único que hay que hacer es resistir el primer par de días. Es como el yugo y la silla, que molestan y rozan al ternero y al potro. Desde luego, es difícil abandonar el lugar en el que se ha nacido, pero no por nostalgia de la ciudad, sino del ser amado. Tratarás de ocultar esa flaqueza bajo mil excusas y mil razones para dar la vuelta. Eso sí, te aseguro que, una vez en camino, el paisaje, la compañía e incluso la misma carretera te brindarán diez mil consuelos. Con todo, no vayas a creer que basta con poner tierra de por medio. Es preciso quedarse lejos hasta que el amor se consuma, las brasas se conviertan en cenizas y te hayas recuperado por completo, porque de lo contrario seguirás débil y ansioso y la pasión revivirá, te asaltará con todo su arsenal y, por mucho tiempo que hayas estado ausentes, el viaje no solo habrá sido en vano, sino perjudicial.

La brujería no sana el corazón roto

Piénsalo dos veces antes de recurrir a hechizos o hierbajos de Tesalia.[25] La brujería está pasada de moda. En cambio, la sagrada poesía que me inspira nuestro venerado Apolo no tiene efectos secundarios. Durante mi terapia no se invocan espíritus de ultratumba, las viejas no abren la tierra con conjuros y blasfemias, los trigales no se mudan de campo ni el disco del sol se vuelve de pronto pálido y ceniciento. Muy por el contrario, el Tíber busca el mar como siempre y la luna, como suele, recorre el firmamento a lomos de blancos corceles. Yo no sano los corazones con abracadabras ni ensalmos, ni pongo al amor en fuga a golpes de azufre. ¿De qué te sirvieron las hierbas de Georgia cuando querías quedarte en casa de tu padre, Medea? ¿De qué te sirvieron las pócimas, Circe, cuando una leve brisa te arrebató a Ulises?[26] A pesar de lo que te esforzaste, no conseguiste impedir la partida de aquel astuto huésped que, decidido a marchar, se te escurrió de entre los brazos y se largó con viento fresco. A pesar de lo que te esforzaste, al final te consumieron las ardientes llamas de la pasión y un amor eterno se te coló en el alma. Tú, que sabías transformar a los hombres en animales, no supiste cambiar las leyes del corazón. Se dice incluso que, cuando ya se iba, trataste de retener al rey de Ítaca con estas palabras:

«No te pido que me tomes por esposa como, bien lo recuerdo, tanto deseé cuando nos conocimos. Me creía digna de ti por diosa y por hija del poderoso Sol. Solo te suplico que no te apresures y que me regales un poco más de tiempo. ¿Se puede pedir menos? Mira la mar encrespada, la tormenta que se acerca. Ya soplarán vientos más propicios. ¿A qué tanta prisa? La guerra de Troya no se ha declarado de nuevo. La coalición de los griegos no empuña otra vez las armas. En este puerto seguro, que será tuyo cuando llegue el día, hay solo paz, solo amor y, para mi mal, solo una víctima: yo».

Mientras Circe hablaba, Ulises soltaba amarras. El viento hinchó las velas y se llevó las palabras. Abrasada y consumida, la hechicera recurrió a sus artes, pero no le sirvieron de nada y no consiguió aplacar a Amor. Ya ves que no hay que dar crédito a conjuros, sortilegios ni pócimas.

Piensa en lo perdido, pero también en lo invertido

Esta recomendación es sobre todo para el que, por lo que sea, no puede abandonar Roma. En ese caso, la mejor opción para liberarse de la terrible adicción del amor es pasar el síndrome de abstinencia para romper así, definitivamente, las cadenas que aprisionan el corazón. Me quito el sombrero ante quien lo consiga. Esa persona no necesita consejos míos. En cambio, el que, aun queriéndolo, no consigue no amar a quien ama, que rumie y le dé mil vueltas a lo que le ha hecho sufrir esa desgraciada y lo que ha pasado por su culpa. Concéntrate en lo que le has dado y ya no recuperarás.

Sin duda, recordar una y otra vez los agravios no parece la mejor idea, pero tiene su lógica. Ovidio nos ha aconsejado pasar el síndrome de abstinencia y ahora nos explica que, para superar los síntomas, lo mejor es que nos concentremos en el coste económico de la relación que se acaba de romper. Eso nos recordará to-

das las ocasiones en las que nos hemos sentido emocionalmente engañados o traicionados. El autor pone el ejemplo de un hombre que ha salido mal parado de una ruptura amorosa y recuerda con rabia las posesiones materiales que se ha quedado su ex.

Piensa así: «Se ha llevado esto y aquello y, no contenta con eso, por culpa de esa cazafortunas voy a tener que vender mi propia casa. Cómo me ha engañado la que tanto me juraba su amor... Cuántas noches pasé delante de la puerta de su casa... Mucho despreciar mi amor, pero ahora se acuesta con uno distinto cada día. Conmigo no quiere nada, pero se entrega por las noches a un vulgar tendero...».

Envenena tu mente y amárgate los sentimientos con este tipo de razones. Busca en ellas la simiente del rencor. Quién sabe, quizá incluso encuentres la forma de expresar el dolor. Permítete sufrir y que la elocuencia surja por sí sola.

> *Los filósofos se pasan la vida presumiendo de ver «la realidad tal y como es» y de «llamar a las cosas por su nombre». Quizá esa capacidad sea muy provechosa para los quehaceres filosóficos, pero en materia amorosa es tan desastrosa que resulta cómica. Un par de generaciones antes de Ovidio, el enigmático Lucrecio llevó esas ideas al límite en* De rerum natura. *En unos famosos versos del final de la obra, el poeta recomienda la demonización que Ovidio nos recomienda a continuación. ¿Lo decía en serio o estamos ante una de sus parodias?*

Desprecia sus virtudes y magnifica sus defectos

No hace mucho me enamoré de una joven, pero nos llevábamos fatal. A la manera de Podalirio, me administré mi propio tratamiento (no, no se me escapa la ironía. En casa del herrero...).[27] Me ayudó mucho recordar sus defectos. Aunque no era cierto, pues las tenía muy bonitas, me decía: «¡Qué piernas más feas tiene!»; aunque no era cierto, pues eran perfectos, pensaba: «¡Qué brazos tan poco atractivos!»; «Qué baja es», aunque no lo era; «Cuántas cosas me pide». Precisamente esto último fue lo que despertó el rencor. Por desgracia, la frontera entre la virtud y el defecto suele ser borrosa y por eso la gente los confunde a menudo. Así que, siempre que te sea posible, *menosprecia las virtudes de tu ex*. Autoengáñate difuminando la delgada línea que separa lo uno de lo otro. Llámala gorda si tiene muchas curvas; negro si es de piel morena; escuálida si es esbelta; presuntuoso si es culto y rústico si no lo es. Lleva este consejo al límite: sea cual sea el defecto del ser amado, convéncelo con palabras dulces de que lo exhiba. Si no tiene buena voz, que cante; si no tiene ritmo, que baile; si no es elocuente, que hable; si no sabe tocar, regálale una lira; si no tiene andares elegantes, sácalo de paseo; si le cuelgan los pechos, que vaya sin sujetador; si tiene los dientes feos, que ría constantemente; si es de lágrima fácil, cuéntale desventuras que le hagan llorar.

Preséntate en su casa de buenas a primeras

Aparece de pronto a primera hora y sorpréndela sin arreglar. El maquillaje y el peinado engatusan y confunden, y la pedrería lo oculta todo. A veces se diría que la menor parte de una chica es la propia chica. A menudo se pregunta uno dónde estará el ser amado entre tanto brillo. El amor engaña a los ojos por medio de las apariencias. Si te presentas de improviso la sorprenderás desarmada. Sin correr tú riesgo alguno, sus propios defectos la dejarán indefensa. Aviso: no te fíes a ciegas de este consejo, pues la belleza natural, sin artificios, deslumbra a mucha gente. Otra opción es entrar en su habitación mientras se embadurna de ungüentos. Que no te detenga la buena educación. Descubrirás mil frascos y tarros de colorete y verás cómo le chorrea la sirria por los tibios senos. Esos cosméticos, que me revuelven el estómago y me dan ganas de vomitar, huelen peor que la mesa de Fineo.[28]

A continuación, puesto que el objetivo es exterminar el amor, paso a darte unas cuantas instrucciones relacionadas con el sexo. Mucho de lo que voy a decir me da vergüenza hasta a mí, así que te pido que me escuches con la inteligencia y entiendas más de lo que digo.

> *Llegados a este punto, Ovidio lanza un extenso ataque a quienes lo acusan de obscenidad. El inciso es largo, técnico y, además, distrae del mensaje principal, por lo que he decidido moverlo al Apéndice II del presente volumen. Tras el excurso, el tono y las recomendaciones del poema se vuelven más oscuros. Los consejos son equivalentes a amputarles la mano a los ladrones: eficaces, quizá, pero, sin duda, perversos y humillantes. Cabe preguntarse de nuevo si hablaría en serio.*

Hazlo con cualquiera que se te cruce

Cuando falte poco para la anhelada cita en la que, como es habitual entre jóvenes, va a haber sexo, con el fin de que no te cautive el placer de gozar por completo del ser amado, acuéstate con otra persona para que el siguiente encuentro, que es el importante, sea menos apasionado. El placer diferido es una de las cosas más agradables del mundo, por eso cuando hace frío buscamos el sol, cuando hace sol, la sombra, y cuando tenemos sed, el agua.

El siguiente consejo me resulta particularmente vergonzoso, pero ahí va:

Haz el amor en posturas extravagantes
y poco favorecedoras

Esto no te resultará difícil, ya que hay muy poca gente capaz de percibir sus propios defectos. Además, no corras las cortinas, para que la plena luz del día te ayude a fijarte mejor en los defectos de su cuerpo.

Para rematar, habiendo saciado los apetitos y pasiones, cuando estéis tumbados en la cama, agotados en cuerpo y alma, justo en ese momento en que nos invade el hastío y preferiríamos no haber tocado a nadie en la vida y calculamos no volver a hacerlo en una buena temporada, obsérvala bien y graba en la memoria tantas imperfecciones como percibas.

Habrá quien diga que mis consejos son naderías, y no le faltará razón, pero, aunque uno a uno sirvan de poco, todos juntos, en cambio, serán provechosos. No olvides que la pequeña víbora liquida al toro corpulento de una sola mordedura y que a menudo un solo perro caza a un jabalí.[29] Un conjunto está compuesto de muchos elementos, así que aprovecha el número e integra todos mis consejos en uno.

Sin embargo, mi método no le funciona igual a todo el mundo, ya que hay tantas formas de ser como personas. Lo que a unos les resulta indiferente a otros les parece un crimen:

Cierto varón no pudo continuar haciendo el amor con una chica después de verle el sexo.

Otro moría de vergüenza cuando, al levantarse ella de la cama después de hacer el amor, descubrió unas manchas húmedas y bochornosas entre las sábanas revueltas.

Si esas cosas te alteran, no estas enamorado y lo tuyo es puro postureo. Ese ardor que dices sentir te lo han causado unas antorchas medio apagadas. Ya verás cómo buscarás cura cuando el dios niño tense el arco en serio y te pegue unos cuantos flechazos.

¿Qué decir del tipo que espió a su amada mientras hacía sus necesidades y vio lo que no se debe ver? ¡No quieran los dioses que te aconseje yo medidas semejantes por mucho que funcionen!

Lleva dos relaciones al mismo tiempo
(aunque, por supuesto, cuantas más, mejor)

Cuando tenemos el corazón repartido, un amor le quita fuerzas al otro. Las acequias le roban el caudal al río. La crepitante hoguera languidece al quitarle la leña. Con una sola ancla no se fondea un navío. Un solo anzuelo no basta para pescar en aguas rápidas. La victoria máxima, el éxito supremo, es tener preparado el consuelo de antemano. Quienes en mala hora se entregaron a la monogamia y han salido escaldados no tienen más remedio, por lo menos de momento, que buscarse un nuevo amor:

Minos ahogó en Procris su pasión por Pasífae.[30]

Fineo olvidó a Cleopatra, su primera esposa, en brazos de Idea.

Alcmeón dejó de amar a Arsínoe, hija de Fegeo, llevándose a la cama a Calírroe.

El mismo Paris habría gozado de Enone para siempre de no ser porque apareció Helena y lo embrolló todo.

Tereo habría sido feliz con la bella Procne, pero lo encadenó la pasión por su hermana Filomela, a la que después tomó prisionera.

En resumen, y para no perder el tiempo con tanto y tan tedioso ejemplo, el amor nuevo derrota y sustituye al antiguo. La mujer que ha tenido muchos hijos supera la muerte de uno con más entereza que la que lo llora clamando: «Tú eras lo único que yo tenía».

Por cierto, tampoco vayas a creer que las leyes que te dicto me las he inventado yo. ¡Ojalá! Agamenón se enamoró de Criseida, a la que había obtenido como botín de guerra, en cuanto la vio (y no olvides que gobernó toda Grecia, así que no se le escapaba una), pero el padre de la joven no hacía más que llorar y patalear. ¿Por qué protestas, necio? ¿No ves que son felices? Viejo idiota, tanta queja perjudica a tu hija.[31] Cuando, bajo la protección de Aquiles, el adivino Calcante dictaminó que la joven volviera a casa de su padre, Agamenón dijo:

«Hay otra joven de igual belleza e igual nombre excepto por la primera letra.[32] Que Aquiles, si le queda aún algo de sensatez, me la entregue de buen grado o, de lo contrario, caerá mi poder sobre él. Y si alguno de vosotros, aqueos, se opone a mi decisión, sabed que la mano que empuña el cetro lleva ventaja cuando es fuerte. El rey soy yo, y sin una mujer que me caliente la cama por las noches, le cedo la corona a Tersites».

Acto seguido, se apoderó de Briseida, que era un premio de consolación nada desdeñable, y el nuevo amor curó el mal de amores.[33] Por lo tanto, como Agamenón, enciende hogueras nuevas para que el amor se bifurque en dos direcciones. Si no sabes cómo prender la nueva llama, estúdiate mi método a fondo y no pasará mucho tiempo antes de que dispongas de un cargamento de mujeres.[34]

Finge indiferencia. Sé frío como el hielo.

Si tuvieras que quedarte con uno solo de estos consejos míos, si Apolo enseñara a través de mí una sola cosa útil al ser humano, sería la siguiente: aunque te estés abrasando en el Etna de la pasión, muéstrate más frío que el hielo. Ante todo, mucha calma. Si algo te hace daño, que no se te note y, si es necesario, por muchas ganas que tengas de llorar, ríe. Cuidado, no se trata de suprimir los sentimientos; eso sería una barbaridad. Se trata de contenerlos y hacer como que el enamoramiento ha pasado. El disimulo convierte en realidad lo que no lo es. Yo mismo he simulado quedarme dormido muchas veces en una fiesta para no beber más y al final siempre me ha acabado venciendo el sueño. He perdido la cuenta de cuántas veces me he divertido observando al típico bobo que, de tanto simular que estaba enamorado, ha acabado cayendo en sus propias redes. El amor nos conquista por la fuerza de la costumbre y por la fuerza de la costumbre nos abandona. Quien sea capaz de aparentar salud, sanará.

Si la persona amada te pide que la visites de noche, acude puntual a la cita. Si al llegar resulta que no está, te aguantas. Nada de hablarles con cariño a los marcos de las puertas, nada de voces ni de reproches, nada de esperar hasta el alba bajo la ventana. Al día siguiente, compórtate como si tal cosa. Que el rostro no te delate: aquí no ha pasado nada. En cuanto te vea indiferente, dejará de mostrarse arrogante. Este truco lo recordarás de mi manual de amor.[35] En definitiva, en vez de fijarte como objetivo el dejar de amar, lo que debes hacer es autoengañarte: también los caballos se resisten al freno. Si lo que pretendes no se nota, lo que ocultas se hará realidad: los pájaros no caen en las redes que se ven. No le consientas ni desprecios ni desaires: con amor propio y entereza se dará cuenta de quién lleva las riendas. Si encuentras la puerta abierta y el paso franco, pasa de largo por mucho que te invite. ¿Propone una cita? Justo esa noche estas ocupado. Resistir es sencillo cuando, aun si andas falto de paciencia, tienes la posibilidad de divertirte con algún otro amigo o amiga con derecho a roce.

El mal de amor con amor se quita

¿Cómo que mis consejos son difíciles? ¡Pero si te lo estoy poniendo lo más fácil posible! Como decía antes, igual que hay mil maneras de ser, hay mil tipos de tratamientos. A infinitas enfermedades, infinitas curas. Unos no responden al bisturí y a otros solo les funcionan los jarabes y las hierbas. A los sensibles, a los cautivos, a quienes tienen el cuello bajo la bota de un amor tiránico les recomiendo que se rindan. Que no resistan más y que el viento les hinche las velas y remen hacia donde les lleven las olas. Sacia esa sed que te consume y abrasa. De verdad que te comprendo. No seré

yo quien te prohíba beber en medio del río. Eso
sí, bebe más de lo que te pida el cuerpo. Que el
agua te rebose por la garganta. Goza sin límite del
objeto de tu amor. Que se adueñe de tus días y tus
noches. Empáchate de lo que te enferma, pues el
empacho será la cura. Y cuando estés ya harto y deseando terminar la relación, hártate aún más, hasta
que el exceso mate al amor e incluso te desagrade
entrar y salir por esa puerta.

Supera el miedo

El amor se prolonga cuando lo nutre la insegurí-
dad. Para superarlo es necesario superar el miedo.
A quien vive con el temor de que su amor no es
suyo o de que se lo robe alguien no lo cura ni el
médico más avezado. Lo normal es que una madre
quiera más al hijo que partió a la guerra porque
teme no volver a verlo.

Cerca de Puerta Colina hay un templo de
Venus al que llaman de la Venus Ericina por el

monte del mismo nombre.[36] Habita en él Cupido Negro, el que sana los corazones y empapa con aguas de hielo las llamas de su antorcha.[37] A él acuden a rezar y ofrecer votos los muchachos que ansían perder las esperanzas y las muchachas atraídas o atrapadas por hombres depredadores. No sé si en persona o en sueños, pero me inclino más por lo último, Cupido Negro me dijo así:

«Ovidio Nasón, tú que das y curas las pasiones, añade este consejo a tu manual:

»*Cada cual a lo suyo*

»Quien *se ocupe* de sus problemas en lugar de *preocuparse* por ellos superará el desamor. Es voluntad de los dioses que todos tengamos problemas, unos más graves y otros menos.

»A quien le inquiete llegar a fin de mes recordará el dinero que le deben; quien tenga un padre tóxico lo llevará siempre en la conciencia, por mucho que le vaya bien la vida; quien se case con una persona pobre creerá que no alcanza lo que sueña por culpa de su cónyuge; quien posea fértiles tierras y ricas viñas se preguntará qué pasará si la cosecha se pierde; quien invierta su caudal en barcos no cesará de pensar en los escollos y peligros de la mar. Esa teme por la suerte del hijo soldado, aquel por la hija solterona... ¿Quién, además, no tiene mil razones para dolerse? Para odiar a Helena, Paris no tenía más que haber pensado en la muerte de sus cuarenta y ocho hermanos».[38]

El dios niño me decía más cosas, pero, de pronto, se desvaneció de mi sueño, si es que era un sueño. ¿Qué hago ahora que el capitán ha abandonado el barco en mitad del océano y me veo obligado a navegar por aguas desconocidas?

Tú que estás enamorado, quienquiera que seas, cuidado con la soledad. No te aísles. En compañía no corres peligro. Retirarse aumenta la ansiedad, no te hace falta. El gentío te hará bien. Cuando estamos solos nos deprimimos y el rostro del ser amado se nos aparece con todo detalle y nos atormenta. Durante la noche, la depresión empeora porque no tenemos a mano amigos que nos hagan compañía. No te niegues a charlar con quien sea, no te encierres en casa, no llores tras los postigos cerrados. Como héroe que eres, cuenta siempre con la ayuda de un compañero. Al fin y al cabo, para eso están los amigos.

Los bosques fueron la perdición de Filis. La soledad la mató. Iba por ahí con el pelo al viento como los desharrapados adoradores danzantes de Baco y ya se quedaba embobada con los ojos fijos en alta mar, ya se tumbaba agotada en la arena. «¡Demofonte, traidor!», gritaba entre sollozos al sordo oleaje, hecha un mar de lágrimas. Bajaba a la playa desde la ciudad por un angosto y sombrío sendero entre la arboleda. Al noveno día se detuvo de pronto y murmuró: «¡Por su culpa!». Se miró el cinturón y volvió los ojos a las ramas. Dudó un instante y, llevándose las manos al cuello, se puso pálida, estremeciéndose de terror ante lo que pensaba hacer... Desventurada muchacha de Tracia, ojalá no hubieras estado sola en aquel trance. Por culpa de la soledad, los árboles perdieron las hojas llorando por Filis. Hombres que sufrís por el amor de una mujer, mujeres que penáis por el de un hombre, aprended de su ejemplo y evitad la soledad.

Evita la compañía de otros enamorados

Un joven paciente mío siguió mis consejos al pie de la letra y estaba ya casi fuera de peligro, pero recayó sin remedio cuando comenzó a rodearse de románticos incurables y Amor sacó de nuevo el arco y las flechas. Quienes aman sin querer amar deben guardar la distancia de seguridad para no contagiarse. La cercanía propaga las enfermedades en los animales. Los ojos se infectan con solo mirar a los enfermos de amor. El amor es adictivo e infeccioso y acaba siendo una dolencia física. A no ser que nos mantengamos a distancia de los románticos, se nos filtra en el corazón como el agua de esos ríos que corren hacia las áridas arenas del desierto. Por desgracia, los seres humanos solemos hacer justo lo contrario.

Otro paciente ya estaba recuperado, pero la cercanía fue su perdición. Cruzarse con su ex por casualidad lo destrozó. La herida aún reciente se abrió de nuevo y al final el tratamiento no sirvió de nada. Cuando se incendia una casa es difícil impedir que el fuego salte a la del vecino. Lo más seguro es que ni te acerques al vecindario de tu ex. No pases por donde compra o pasea ni frecuentes las mismas amistades. ¿Para qué reavivar con viejos recuerdos emociones que ya se han enfriado?

Lo ideal sería que te mudases a otro planeta

¡Qué difícil es contenerse ante una mesa puesta cuando el hambre aprieta! Las fuentes despiertan la sed. Controlar al toro que ha visto a una ternera no es tarea fácil. Los caballos rompen a relinchar en cuanto aparece una jaca.

Aléjate del círculo de la persona amada

Cuando, tras haber puesto en práctica todos mis consejos, por fin pises tierra firme, te darás cuenta de que no basta con cortar con la persona amada. También hay que despedirse para siempre de su madre, de su hermana, de su confidente y de sus amigos, para que no te venga nadie a decir con lágrimas de cocodrilo que te manda saludos. Por más que quieras saber cómo está, sé fuerte y no preguntes. Te garantizo que morderte la lengua te será de gran provecho.

No te pases el día lamentándote

No te hagas la víctima y vayas por ahí dando pena y explicando con todo lujo de detalles, reproches y culpas los motivos del fin de la relación. La mayor venganza es el silencio, que mata el recuerdo. Por otro lado, es mejor no decir ni pío que ir por ahí presumiendo de haber pasado página: quien jura y perjura que no ama, ama. Un incendio se apaga poco a poco, no de golpe: las prisas no son buenas consejeras. Es cierto que el caudal de los ríos crecidos es mayor que el de los de curso constante, pero también lo es que aquellos son efímeros, y estos, perennes. Deja que el amor mengüe, se evapore en el aire y vaya desvaneciéndose hasta morir.

Además, despotricar de alguien a quien hasta hace poco amábamos es una falta de elegancia, de clase y de buen gusto. Con la indiferencia basta. A quien odia después de amar o bien le gusta sufrir o bien le cuesta dejar de amar. Que dos personas que eran pareja se vuelvan enemigos de buenas a primeras es algo terrible que ni los abogados matrimonialistas aprueban. Sucede con frecuencia que un hombre denuncia a su exmujer, pero aún la ama. En cambio, cuando no hay enemistad de por medio, el amor se esfuma de la memoria por sus propios medios.

Cuando no hay pleitos, el amor se va con la música a otra parte

En cierta ocasión defendí a un joven que, decidido a ponerle un pleito a su esposa, profería toda clase de amenazas. Ella esperaba en una litera. De pronto, la obligó a bajarse a grito pelado, pero cuando la vio allí de pie en plena calle, enmudeció, las manos se le quedaron colgando a lo largo del cuerpo y se le resbalaron al suelo los papeles del divorcio. Se acercó a ella, la abrazó, le dijo «tú ganas» y allí mismo terminó la discordia. Separarse en buenos términos es menos nocivo y más digno que pasar directamente del lecho a los tribunales. Que se quede con los regalos que le hiciste y nada de meter abogados de por medio. A la larga, estas pequeñas pérdidas rinden grandes ganancias.

Mantente firme

Si a pesar de todo Fortuna te juega una mala pasada y te la cruzas en algún sitio, recuerda las armas que te he dado, porque ahora es cuando hay que hacer buen uso de ellas, ahora es cuando toca dar la cara con valentía: que tu lanza haga morder el polvo a Pentesilea.[39] Ahora es el momento de traer a la memoria las infidelidades, la puerta cerrada y sorda a tus súplicas, los juramentos por los dioses que nunca cumplió.

No te acicales por si acaso

No pierdas el tiempo peinándote ni te vistas a la última moda por si acaso coincides con tu expareja.

No te molestes en impresionar a quien no te ama. Considérala una más de las miles de personas con las que te cruzas por la calle.

Pierde toda esperanza

Ahora te desvelaré lo más difícil de terminar una relación. El patrón es el siguiente, analízalo y ve cómo se ajusta a tu propia experiencia: si tardamos tanto en romper es porque en el fondo no perdemos la esperanza de ser amados. Los seres humanos somos una pandilla de narcisistas. Eso tiene que cambiar. No des crédito a sus palabras, pues serán puras falacias. Por mucho que ponga a los dioses por testigos, no te tragues juramento alguno.

Mucho ojo con las lágrimas

¡Qué bien lloran las mujeres cuando les conviene! Hay tantas artimañas contra el corazón de quien ama como olas del mar batiendo los escollos. No pierdas tiempo explicando los motivos de la ruptura. No le cuentes cuánto sufres. Sufre lo que quieras, pero en privado. No le enumeres los defectos, porque así le das pie para que se justifique y terminarás pensando que tiene la razón.

La fuerza del silencio

Reprochar es una forma de exigir que nos pidan perdón. A diferencia de Ulises, no seré yo quien se atreva a robar flechas y apagar en el río unas antorchas que no son mías,[40] ni quien le corte las alas al dios niño. Tampoco pretendo destensarle el arco con mi metodología. Este poema contiene solo una serie de consejos que he inventado. Confía en ellos. En cuanto a ti, oh, Apolo, bendice, como siempre, mi proyecto.

¿No oyes la lira? ¿No oyes la aljaba? ¡Son signos de su presencia! ¡Apolo ha venido!

Las comparaciones, sobre todo las desfavorables, son odiosas

El vellón teñido de Esparta es más basto que la púrpura de Tiro. Es decir, si nos ponemos a comparar a la amante con otras mujeres más bellas, muy pronto cada cual se avergonzará de la suya. En el juicio de Paris, Venus ganó por comparación, pero Minerva y Juno eran también muy hermosas. Además, no compares solo el físico, sino la personalidad y las cualidades. No obstante, ten cuidado de que la pasión no te nuble el juicio.

Cuidado con conservar las cartas de la persona amada

Este consejo, a pesar de no parecer muy importante, ha sido muy provechoso tanto para mí mismo como para mucha otra gente. Releer cartas conmueve al corazón más duro. Aunque te cueste, échalas al fuego y que esas llamas sean la pira funeraria de aquel amor. Si Altea incineró a su hijo Meleagro sin estar él presente,[41] ¿dudarás tú de entregar al fuego un puñado de mentiras?

Deshazte también de sus retratos

No te pierdas, como Laodamia, por culpa de una imagen muda.[42]

No vuelvas a los lugares que frecuentabas con tu ex

Los lugares donde quedabas también pueden ser problemáticos porque despiertan la nostalgia. Dónde vivía, dónde comía, la habitación donde pasasteis juntos aquella noche, el lugar donde aquella vez hicisteis el amor apasionadamente... Los recuerdos reavivan el amor y reabren las heridas. Un pequeño exceso agrava el estado de los convalecientes. Igual que el fuego se reaviva al echar azufre en una hoguera casi extinta y donde apenas quedaban unos rescoldos vuelve a rugir el fuego, las llamas del amor, aunque estuviera medio muerto, volverán a encenderse si no evitas lo que le devuelve la vida. Ojalá los griegos que volvían de Troya hubieran sorteado el cabo Cafareo y las hogueras con las que un padre vengó la muerte de su hijo.[43] Como los marinos celebran ver a Escila a popa, no vuelvas nunca a los sitios que tanto amaste. Para ti son peligrosos bajíos, arrecifes mortales, la madriguera donde Caribdis vomita el líquido que ha engullido.[44]

La pobreza ayuda a olvidar

Al ser una circunstancia, la pobreza no se puede prescribir, pero si se da por azar, ayuda:

> Que Fedra pierda sus riquezas, que Neptuno perdone a su hijastro y que el toro que envió el abuelo no espante a sus caballos.[45]

De haber sido pobres, Ariadna y Pasífae habrían amado con más mesura, pues la riqueza estimula la lascivia.[46]

Si ningún hombre sedujo a Hécale y ninguna mujer a Iro fue porque la primera era una menesterosa y el otro un vagabundo.

La pobreza no aporta nada a una relación, pero bajo ningún concepto eso debe haceros desear ser pobres.

Nada de teatro

Al menos hasta que se te aclaren las ideas. Las cítaras, las flautas, las liras, la voz y los cuerpos que danzan al ritmo de la música soliviantan el ánimo. Los actores siempre interpretan personajes que sufren de amores y ponen en escena todo lo que debéis evitar.

Nada de poemas de amor

Lo digo muy a mi pesar: huye de los poemas de amor, incluso de los míos. No leas a Calímaco ni a Filetas de Cos, porque son poetas románticos que te harán daño. Safo nos enseñó a ser generosos en el amor y Anacreonte nos recomienda soltarnos la melena. Quien lea a Tibulo corre peligro. En los versos de Propercio asoma su amada Cintia por todas partes. Los poemas de Gallo derriten el corazón del más duro. Mi propia obra no es menos peligrosa...

Piensa que el ser amado duerme solo, pero acepta que ya tiene otro amante

Si como poeta y devoto de Apolo que soy debo fiarme de él, mi amada ya se ha echado otro novio y por eso ando un poco triste. Tú, sin embargo, no pienses en rivales y convéncete de que la persona amada no se acuesta con nadie.

La pasión de Orestes por Hermíone se redobló al enterarse de que se había comprometido con otro.[47]

¿De qué te quejas, Menelao? Te largaste a Creta, dejaste sola a Helena como si nada, pero, cuando Paris te la levantó, resultó que no podías vivir sin ella. La amaste más solo porque otro la amaba.

Agamenón incurrió en la famosa furia de Aquiles al quitarle a Briseida y gozar de sus encantos. Créeme que Aquiles tenía razones para enfurecerse. Si Agamenón no hubiera hecho lo que hizo, lo habrían considerado un necio y se habría cubierto de vergüenza. Yo, que no soy tan sabio como él, hubiera actuado igual. Las consecuencias de aquella disputa fueron tremendas. Para calmar un poco la tensión, Agamenón juró por su cetro que no se había acostado con Briseida, pero está claro que pensaba que en el fondo un cetro no es tan sagrado como un dios.[48]

• • •

Que los dioses te concedan entereza para pasar
con pie firme por delante de la puerta de quien
te ha dejado.[49] Al final lo lograrás, lo único que
necesitas es proponértelo de verdad. Ahora es el
momento de pisar fuerte, ahora es cuando hay que
espolear al caballo y salir al galope. Piensa que es
el antro donde moran los lotófagos, la cueva donde
viven las sirenas, y añade el empuje de las velas a la
fuerza de los remos.

No veas como a un enemigo a ese rival que te agra-
via, te hace la competencia y ahora ocupa tu lugar.
Cuando seas capaz de estrecharle la mano, aunque
todavía le guardes un poco de rencor, sabrás que
estás curado.

*No te emborraches o hazlo hasta el punto de ahogar
las penas por completo*

Para completar el enfoque holístico de mi tratamiento, añado a continuación unos cuantos consejos acerca de la dieta y la alimentación:

La cebolla, ya sea la que se cultiva en Italia, la que procede de Libia o la que viene de Mégara, es perjudicial.[50]

Es recomendable evitar la lasciva rúcula (*Eruca vesicaria*) y los alimentos afrodisíacos.

En cambio, consume ruda (*Ruta graveolens*), que es buena para la vista, así como cualquier otro alimento que te aleje de Venus.

Sobre Baco, una sola advertencia: el vino nos excita a no ser que bebamos hasta que se nos emboten las entendederas. El fuego se alimenta con viento y con viento se apaga. La brisa aviva las llamas y el vendaval las extingue. Por lo tanto, no te emborraches o, de hacerlo, que la borrachera sea tan grande que se te olviden las penas. Quedarse a medias no te conviene.

Aquí concluye la obra. Cubrid de guirnaldas esta barca cansada. Hemos echado el ancla en el puerto hacia el que zarpamos hace ya muchos versos. Chicos y chicas, si mis versos os han curado, no os demoréis en hacer las ofrendas de gratitud que merece vuestro poeta.

Apéndice I:
Los 38 remedios de Ovidio

Según Ovidio, lo ideal es cortar una relación cuando empieza a ir mal. Sin embargo, casi nunca lo hacemos. Lo habitual es esperar a que la relación se vaya a pique por sí sola. Cuando suceda lo inevitable y nos veamos ya preparados para recibir la terapia ovidiana, aquí están los treinta y ocho consejos para superar un desengaño amoroso.

1. Nunca estés sin nada que hacer. Mantente siempre ocupado.
2. Viste la toga y déjate ver por los tribunales de la ciudad. Hablando en plata, hazte abogado.
3. Acude a la llamada del deber. Es decir, enrólate en la legión.

4. La vida campestre cura las obsesiones. Lárgate de la ciudad y retorna a la naturaleza porque el arado cura al enamorado.

5. Muchas veces Venus se ha retirado cubierta de vergüenza tras la victoria de Diana. Aficiónate a las actividades al aire libre como la caza, la pesca...

6. La distancia cura. Pon tierra de por medio.

7. La brujería no sana el corazón roto. Los conjuros, los amarres, el tarot, los cristales, etc., son puros engañabobos.

8. Piensa en lo perdido, pero también en lo invertido. Calcula el dinero y las emociones invertidas en la relación y verás crecer el resentimiento. Es un consejo tan mezquino como eficaz.

9. Desprecia sus virtudes. Magnifica sus defectos. Convéncete de que no tiene ni por asomo la belleza y el talento que pensabas, sobre todo si no es cierto. Es un consejo aprendido de Lucrecio.

10. Preséntate en su casa de buenas a primeras. Sorprender a la amada sin maquillaje te mostrará la realidad sin tapujos.

11. Acuéstate con la primera persona que se te cruce. Una vulgaridad, pero de eficacia probada, sobre todo a corto plazo.

12. Haz el amor en posturas extravagantes y poco favorecedoras. La realidad sin filtros de nuevo. Este consejo es un tanto malvado.

13. Lleva dos relaciones (¡o más!) al mismo tiempo. ¡Que no se apague la llama! Distráete con otra u otro amante y no pongas todo el afecto en un solo sitio.

14. Finge indiferencia. Sé frío como el hielo. Conseguirás que te dé igual todo.

15. El mal de amor con amor se quita. Hártate de tener sexo.

16. Supera el miedo. Suprime los celos.

17. Cada cual a lo suyo. La ansiedad mata la alegría.

18. Huye de la soledad. ¡La unión hace la fuerza!

19. Evita la compañía de otros enamorados. Ovidio nos ofrece casos de ejemplo que demuestran que rodearse de personas románticas no sienta bien en estos casos.

20. Lo ideal sería mudarse a otro planeta. Cuando hay un desengaño amoroso, lo mejor es evitar los sitios donde podamos encontrarnos con nuestro ex.

21. Aléjate del círculo de la persona amada. La ruptura implica romper con los amigos y la familia de nuestro ex. Es uno de los consejos más dolorosos de la obra.

22. No te pases el día lamentándote. Lo único que conseguirás es que los sentimientos se enquisten.

23. Cuando no hay pleitos, el amor se va con la música a otra parte. Litigando te arriesgas a reconciliarte.

24. Mantente en tu posición. Sé firme y no cedas.

25. No te acicales por si acaso. Dicho de otro modo, no te arregles para quien no te ama.

26. Pierde toda esperanza. Oídos sordos a los saludos y mensajes, ya sean directos o por boca de terceros.

27. ¡Mucho ojo con las lágrimas! Aquí quien llora soy yo, no tú.

28. La fuerza del silencio. Ni un solo reproche.

29. Las comparaciones, sobre todo las desfavorables, son odiosas. Consejo perverso pero eficaz, al menos hasta que empecemos a sentirnos culpables.

30. Cuidado con conservar las cartas de la persona amada. Hoy en día tenemos el móvil. Los romanos usaban tablillas enceradas, pero el principio es el mismo.

31. Deshazte de sus retratos. Las pinturas al fresco eran el Instagram de los romanos.

32. No vuelvas a los lugares que frecuentabas con tu ex. Que no te hechice la nostalgia de los tiempos felices.

33. La pobreza ayuda a olvidar. No seas pobre por elección, pero si lo eres, sácale partido.

34. Nada de teatro. Huye como de la peste de los dramones lacrimógenos.

35. Nada de poemas de amor. Dificultan la concentración.

36. Piensa que el ser amado duerme solo, pero acepta que ya tiene otro amante. No te comas el coco con el nuevo amor de tu ex. Cuando finalmente lo conozcas y seas capaz de estrecharle la mano o darle dos besos, estarás curado.

37. No comas rúcula. Come ruda. Una es afrodisíaca, la otra no.

38. No te emborraches o hazlo hasta el punto de ahogar las penas por completo. Beber poco despierta todo tipo de emociones. En el siglo XVI, el poeta Vincent Obsopoeo aconsejaba lo mismo en su muy ovidiano *El arte de beber vino* (publicado en esta colección).

Ovidius nimium amator ingenii sui, laudandus tamen partibus.
Ovidio era muy presumido, pero aun así parte de su obra es digna de alabanza.

QUINTILIANO (*circa* 100 d. C.),
Institutio oratoria (10.89)

Apéndice II.
El manifiesto del artista

Entre los versos 360 y 399, Ovidio se lanza a una perorata llena de fanfarronadas con la que se defiende de quienes lo acusan de obsceno. Según él, a cada género poético le corresponde un tipo de contenido y el elegíaco debe estar lleno de picardía. La digresión es importante, pero distrae la atención del poema, así que en la presente edición la hemos colocado aquí.

[...] Hay por ahí uno que critica mis versos y me acusa de indecente. Solo diré al respecto que, mientras todo el mundo me aplauda y me celebre, las críticas de un par de tipejos me dan igual. Nunca faltaron envidiosos, como aquel tal Zoilo,[51] que se cebaran con el gran Homero cuando, de no ser por él, nadie habría oído hablar jamás de ellos. También ha habido cínicos petulantes que han atacado nada menos que la obra de Virgilio, que trajo a Roma a los derrotados dioses de Troya.[52] La envidia martillea lo que sobresale. El viento azota las cumbres. La mano de Júpiter lanza el rayo contra lo que está más alto.

En cuanto a ti, quien quiera que seas, que tanto te escandalizan las libertades que me tomo, si te queda el más mínimo juicio en la sesera, entérate ya de que cada género poético tiene sus particularidades. A la épica, por ejemplo, lo que mejor le va es el metro de Homero: ¿Qué tiene que hacer una aventura erótica en una epopeya? El tono solemne es propio de la tragedia. La ira se expresa mejor con coturnos, pero para las escenas ligeras hay que calzarse unas sandalias. Una lengua suelta necesita versos yambos capaces de hacer recular a un ejército, tanto los veloces como los que cojean cada seis pasos.[53] La sensual elegía sirve para cantar temas románticos. Es como una novia caprichosa a la que hay que permitirle coquetear con quien quiera.[54]

Por lo tanto, no cabe cantar a Aquiles con los versos de Calímaco y Cípide es indigna de la épica de Homero.[55] Que Tais interprete a Andrómaca es impensable.[56] Tais y yo compartimos la misma forma despreocupada y licenciosa de ver la vida. Las niñas buenas no son lo mío. En cambio, las chicas como Tais han nacido para mi arte. Así que si en mis versos hay todo tipo de picardías, es porque yo he decidido ponerlas, por lo que mi musa es inocente y la acusas en falso. Revienta, so envidioso, que Ovidio ya ha alcanzado la fama y, con solo seguir por donde va, llegará a ser una superestrella antes de que te des cuenta.

A mis detractores les digo: andaos con ojo, que cuanto más años viva, más lo lamentaréis. Aún soy joven y tengo en la cabeza millares de poemas. Además, le he tomado el gusto a esto de la fama y cuantos más éxitos cosecho, más me gusta. Es mi momento. Mi caballo está listo para lanzarse al galope. Los poetas elegíacos, y lo admiten ellos mismos, me deben a mí tanto como los épicos a Virgilio.

Ya está bien. Ni una palabra más a los críticos. Tira de las riendas, poeta, y retoma el camino.

NOTAS

1. Holmes y Rahe, 1967.

2. Los fragmentos de las obras de Antifonte se pueden consultar en Laks y Most, 2016. La cita proviene de los fragmentos P10+P9, *Avanzar* se encuentra en *Sobre la concordia* (D41-D63) y *la interpretación de los sueños* corresponde a los fragmentos P1c+ D75-D77. «Antidepresivo» es la traducción de la voz *nephenthe*, la droga que Circe utiliza en la *Odisea*. Como buen vendedor, Antifonte usa la palabra en sentido irónico.

3. *Tristes*, 4.10.

4. Henderson, 1979, xii: «*Los remedios* quizá se publicó en el tercer, o incluso en el segundo trimestre del año 1 d. C., suponiendo que lo hubiera concluido más o menos cuando se enteró del avance de César». Estimaciones menos precisas hablan

de 1-2 a. C. (el único criterio para datar el poema es la referencia al avance de César de los versos 155-158).

5. 3.34.81-82. Buen ejemplo de ello fue *Terapias*, del estoico Crisipo, hoy perdido. Su influencia se percibe en *El arte de mantener la calma* y *El arte de morir*, ambos en esta colección.

6. 4.35.73-75.

7. *Comentario a «Las epidemias de Hipócrates»*. El relato más conocido de Galeno sobre el «diagnóstico» (es decir, la identificación de una enfermedad) del mal de amores se encuentra en el capítulo 6 de *Sobre el diagnóstico*.

8. «Amor qui et eros dicitur morbus est cerebro contiguus» (*Viaticum*,1.20; Wack, 1990, 186). En Wack, 1990, 3-50 hay una magistral reconstrucción de la historia.

9. Bianchi Bensimon, 2018, 183: «[T]i può chiarire Amore non solamente essere... ad infirmità simile, ma esser vera infirmità e periculosa».

10. Robertson y Codd III, 2019.

11. El autor soluciona las dos interrogaciones retóricas mediante un juego de palabras: en *cur aliquis*

(¿por qué ciertos hombres…?) hay que leer *cura* (novia).

12. No es un figura retórica. En Grecia y Roma los pretendientes colgaban elaboradas guirnaldas en el portal de una casa como signo de amor.

13. Para ciertos comentaristas, esta aclaración es un añadido posterior ya que no concuerda del todo con el texto. Sin embargo, quizá lo que dice Ovidio sea cierto y sus consejos sean válidos para ambos sexos.

14. Ovidio enumera a continuación una serie de amores trágicos de la mitología griega (romana, en el caso de Dido), que supone que sus lectores conocen. Sobre Filis hablará más adelante, en el verso 591. La heroína a la que no nombra es Medea, mencionada de nuevo en el verso 261.

15. Esta Escila es la hija de Niso, rey de Mégara, no el monstruo marino del estrecho de Mesina.

16. Según Ovidio, cuanto más tardemos en enfrentarnos a un problema, más difícil será solucionarlo. Veinte años antes, Horacio había expresado lo mismo con otras palabras: *Dimidium facti qui coepit habet: sapere aude!* («Quien ha comenzado ya ha hecho la mitad, así que ¡atrévete a saber»). Con el tiempo, las dos últimas palabras llegarían a ser el lema de la Ilustración.

17. De acuerdo con el mito, Mirra sedujo a su padre, después de lo cual los dioses la convirtieron en el árbol del mismo nombre.

18. Es decir, seguiremos gozando del sexo sin implicarnos emocionalmente ya que, como dicen los adictos, «yo lo dejo cuando quiera».

19. Al legendario arquero Filoctetes una herida le produjo una enfermedad repugnante, por lo que sus compañeros lo abandonaron en la isla de Lemnos. Cuando al final consiguió volver a filas, luchó en la Guerra de Troya y los griegos se alzaron con la victoria gracias a él.

20. Según el folclore antiguo (por ejemplo, en la *Historia natural* de Plinio, 12.8), el plátano se regaba con vino para estimular el crecimiento. El lector romano no estaba más al tanto de esta técnica que el moderno. Ovidio saca a colación el dato para alardear.

21. Los romanos no vencieron a los partos (iraníes), por eso los historiadores pueden datar la obra con precisión (ver nota 4). Ovidio aconseja a los lectores que se enrolen en la legión y al mismo tiempo alude al *disparo parto* o *disparo armenio*, la táctica de luchar a la retirada que los hizo tan famosos. En plena batalla, la caballería fingía batirse en retirada, pero continuaba lanzando flechas al enemigo. Ovidio la vincula con una retirada real del ejército

parto ante las tropas de Julio César que habría tenido lugar en su época.

22. Cuando Agamenón partió a la guerra de Troya, Egisto (el primer *Jody*, es decir, en la tradición castrense y las canciones de marcha norteamericanas, un sujeto declarado no apto para el servicio que se queda en la retaguardia en tiempos de guerra y seduce a las esposas de los soldados ausentes) «se ocupó» de su esposa. Egisto era natural de Micenas, por lo que, en este caso, Argos alude por metonimia a toda Grecia. Sin duda, Ovidio la utiliza porque *Árgos* suena parecido a *argós*, «ocioso, desocupado, holgazán».

23. Diana, la Ártemis de los griegos, es la diosa de la caza y, para algunos, la patrona de los hombres que actúan a su antojo (ver la tragedia de Eurípides *Hipólito* y la nota 45).

24. En 837 las legiones romanas libraron una batalla contra los galos en las inmediaciones del Alia, un río cercano a Roma. Tras derrotar a los romanos, los galos saquearon la ciudad. La fecha quedó grabada en la conciencia romana como un día de trauma nacional.

25. Tesalia, en el norte de Grecia, era para la Antigua Roma el siniestro reino de la brujerías y la magia negra.

26. Medea y Circe, su tía, son las hechiceras más famosas de la Antigüedad. Medea, oriunda de las oscuras tierras de Georgia (a orillas del Mar Negro), encarna al *otro* orientalizado de la época clásica. Jasón la abandonó por otra mujer. A Circe ya la hemos mencionado en la guía rápida.

27. Podalirio fue un médico de campaña griego en la guerra de Troya. A oídos romanos suena como *delirio*.

28. La sirria, sirle o chirle es el excremento del ganado lanar y cabrío. Los dioses castigaron a Fineo a verse siempre acosado por las harpías, seres terribles con cara de mujer y cuerpo de ave, que le robaban la comida y se la ensuciaban de heces. De ahí el mal olor de su mesa.

29. Los ejemplos contradicen el texto. Que los lectores interpreten a su gusto el aparente error.

30. Nueva retahíla de referencias mitológicas que Ovidio no espera que el lector conozca, ya que lo que quiere decir está perfectamente claro.

31. Ovidio reprende a Crises, el padre de Criseida, porque sus protestas desatarán la *Ilíada*. Ovidio quiere que el lector tenga en la mente la primera escena de la obra.

32. Briseida, a la que Aquiles había obtenido como botín de guerra.

33. Amor/curar/mal de amores: Ovidio construye un complejo juego de palabras con el significado latino de la palabra *cura* (mal de amores, amante/novia) y el sonido de la voz griega *koúre* (doncella), usada por Homero para referirse a Criseida y Briseida. Es decir, que una *koúre* (doncella) «cura» la *cura* (el mar de amores).

34. Ovidio hace publicidad de los libros 1 y 3 de *El arte de amar*, donde explica con precisión dónde encontrar amantes en Roma.

35. Ver *El arte de amar* 1.715-718.

36. El monte Érix, en Sicilia, donde había un antiguo templo de Astarté (Venus, Afrodita).

37. Este Cupido Negro es invención de Ovidio y parece ser el primer ejemplo del tema del *doppelgänger* en la literatura occidental. Sus poderes son los opuestos a los del Cupido real: donde el *verus Cupido* hace que la persona amada permanezca para siempre en la memoria de los enamorados, esta versión infernal y pesadillesca tiene el poder de hacer que la olviden.

38. Solo uno de los hermanos de Paris, Heleno, sobrevivió a la guerra de Troya, desencadenada por el rapto (o romance) de Helena.

39. Pentesilea fue una de las amazonas más feroces. Derrotó a muchos héroes griegos en la guerra de Troya antes de que Aquiles acabara con ella.

40. Ulises le «robó» las flechas a Filoctetes, convenciéndolo de que se reincorporara a la guerra de Troya (ver nota 19).

41. Altea, hija de Testio y madre de Meleagro. Cuando este mató a los hermanos de su madre, ella echó al fuego el tizón mágico que lo conservaba con vida. Cuando descubrió lo que había hecho, se suicidó.

42. La apenada Laodamia encargó una efigie de bronce de su marido, Protesilao, muerto en la guerra de Troya. Al descubrir que la honraba como a los dioses, su padre la destruyó y ella se quitó la vida.

43. Nauplio encendió una hoguera en el cabo de Eubea para dirigir hacia los escollos las naves en las que viajaban los griegos que, instigados por Ulises, habían asesinado a su hijo Palamedes.

44. Ovidio imagina a Caribdis, el remolino de *La odisea*, como un borracho que vomita todo tipo de

cosas que no deberían volver a salir a la luz, por ejemplo, los recuerdos.

45. Cuando Fedra acusó en falso a Hipólito de violación, su padre, Teseo, pidió a Neptuno, del que era hijo, que lo matara. El dios del mar envió un toro que espantó a los caballos de Hipólito y provocó su muerte.

46. El original latino menciona a «la mujer de Cnoso», que podría ser o bien Pasífae, la reina de Cnosos que se enamoró de un toro (distinto del toro del verso anterior) o bien la princesa Ariadna, que huyó con Teseo, el marido de Fedra (esta Fedra, en cambio, sí es la del verso anterior), que la abandonó más tarde. La traducción las menciona a las dos.

47. Ese otro era Neoptólemo, hijo de Aquiles. Hermíone estaba comprometida con Orestes, pero su padre rompió el compromiso. Más tarde, Orestes mataría a Neoptólemo.

48. Ovidio olvida (seguramente a propósito) *Ilíada* 1.233-239, donde es Aquiles quien jura por el cetro de Agamenón. En realidad, Agamenón *sí juró por los dioses no haber tocado a Briseida*. (*Ilíada* 19.258-265).

49. Este dístico, que trata acerca de la dependencia emocional, guarda un sorprendente parecido con la

Oración de la Serenidad de Alcohólicos Anónimos y otros programas basados en los famosos Doce Pasos: «Dios, concédeme serenidad para aceptar lo que no puedo cambiar, valor para cambiar lo que soy capaz de cambiar y sabiduría para entender la diferencia». Dada la influencia de la filosofía del estoico Epicteto (ver *El arte de ser libre* en esta colección) en la plegaria, cabe la posibilidad de que Ovidio parodie a alguna comunidad de ayuda mutua de la época basada en el estoicismo.

50. En realidad, no se trata de cebolla sino de bulbos de jacinto, llamados *lampascioni* en italiano y *volví* en griego.

51. Según el diccionario de la RAE, un zoilo es un «crítico presumido y maligno censurador o murmurador de las obras ajenas». El vocablo procede de Zoilo, detractor acérrimo de la obra de Homero, Platón e Isócrates del siglo IV a. C.

52. Alusión a la *Eneida*.

53. El yambo, utilizado en la invectiva, tenía dos formas: el yambo «puro» de tres pies y el «cojo», de seis, que «cojea» en el sexto con una especie de pie quebrado.

54. La elegía es el metro que Ovidio utiliza para la poesía amorosa (ver Introducción).

55. Aquiles es el héroe épico de la *Ilíada* y Cidipe es la legendaria doncella ateniense que se casó con Aconcio mediante engaños. El famoso Calímaco escribió un poema en dísticos elegíacos sobre el tema, hoy perdido. Ovidio ofrece su versión en las *Heroidas* 20 y 21 (también en dísticos elegíacos).

56. Andrómaca es la legendaria viuda de Héctor, el héroe troyano por excelencia. Tais fue una famosa cortesana ateniense del siglo IV, una Marilyn Monroe de la época, que, como la actriz americana, pasó a formar parte del mito. Su nombre se utilizó como símbolo de mujer hipersexualizada, glamurosa y sin complejos, justo lo contrario de Andrómaca.

BIBLIOGRAFÍA

Recomiendo vivamente el excelente comentario de Henderson de 1979 para todo lo relacionado con el poema.

BIANCHI BENSIMON, N., ed., *Battista Fregoso: Anteros*, Leonard Pachel, Milán, 2018.

CURTIUS, Q., trad., *Cicero: Tusculan Disputations*, Fortress of the Mind, 2021.

HENDERSON, A. A. R., ed., *Ovid: Remedia Amoris*, Scottish Academic Press, Edimburgo, 1979.

HOCKINGS, T. A. J., «Conjectures on Ovid's Love Poems», en *Acta Classica* 65:65-94, 2022.

HOLMES, T. H., y R. H. RAHE, «The Social Readjustment Rating Scale», en *Journal of Psychosomatic Research* 11:213-218, 1967.

KENNEY, E. J., ed., *P. Ovidi Nasonis Amores; Medicamina Faciei Femineae; Ars Amatoria; Remedia Amoris*, 2.ª ed., Oxford, Clarendon, 1994.

LAKS, A., y G. W. MOST, eds., *Early Greek Philosophy*, vol. 9, *Sophists, part 2*, Loeb, Boston, Harvard University Press, 2016.